AF246776

PROJET DE DÉCLARATION

DES

DROITS ET DEVOIRS

DES

TRAVAILLEURS INDUSTRIELS

ET AGRICOLES,

SUIVIS

D'UN PROJET DE DÉCRET

SUR L'AMÉLIORATION MATÉRIELLE DE LEUR SORT,

SOUMIS

Au Comité des travailleurs de l'Assemblée nationale.

(Extrait d'une brochure intitulée des moyens d'améliorer le sort des travailleurs, 72 pages. PRIX : 40 c. *)*

PARIS,

ALLARD jeune, Éditeur, rue du Faubourg-Saint-Honoré, 24.

1848

PROJET DE DÉCLARATION

DES DROITS ET DEVOIRS

DES

TRAVAILLEURS INDUSTRIELS ET AGRICOLES,

SUIVI D'UN PROJET DE DÉCRET

SUR L'AMÉLIORATION MATÉRIELLE DE LEUR SORT.

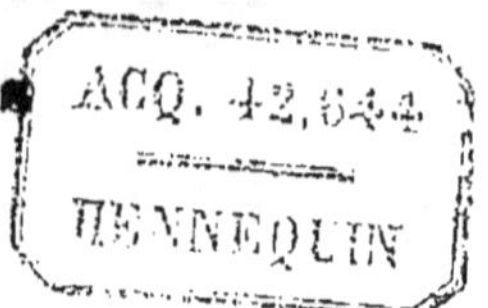

L'ASSEMBLÉE NATIONALE reconnaît et consacre les droits des travailleurs et proclame leurs devoirs ainsi qu'il suit :

DROITS DES TRAVAILLEURS.

La société doit une protection spéciale à celui de ses membres qui n'a que le travail de ses mains pour fournir à ses besoins de première nécessité.

Elle doit pourvoir à ce que le propriétaire du capital n'impose à celui qui est forcé de s'adresser à lui pour se procurer le travail nécessaire au soutien de son existence, ni un travail au-dessus de ses forces, ni un salaire insuffisant.

Le travailleur a le droit d'exiger qu'on lui facilite les moyens d'assurer son existence pendant ses maladies et les chômages prolongés, comme aussi lorsque l'âge et les infirmités l'empêchent de continuer à se livrer au travail.

Celui qui est dans l'impuissance de pourvoir à ses besoins de première nécessité, et qui ne trouve pas de travail, a droit d'exiger de la société qu'elle lui en procure.

DEVOIRS DES TRAVAILLEURS.

Les travailleurs qui veulent réclamer la jouissance d'un droit qui leur serait dénié doivent s'adresser aux autorités compétentes par pétition individuelle ou collective. Mais ces pétitions ne doivent pas être remises par des attroupements tumultueux ou paisibles, armés ou non armés, enfin avec aucune des circonstances qui pourraient avoir pour résultat de troubler l'ordre et la tranquillité publique.

En conséquence, voulant assurer aux travailleurs la jouissance de ces droits et veiller à l'accomplissement des devoirs qui leur sont imposés à cet égard,

L'ASSEMBLÉE NATIONALE a adopté le décret dont la teneur suit :

TITRE Ier.

Des contestations entre les travailleurs et leurs patrons.

Art. 1er. Il sera créé dans chaque département des conseils de famille chargés de concilier, et, s'ils ne peuvent y parvenir, de juger les difficultés qui surviendront entre les manufacturiers, les marchands fabricants, les entrepreneurs de bâtiments, les industriels producteurs de marchandises, les chefs d'atelier, contre-maîtres et ouvriers patentés, les ouvriers à livret et les apprentis relativement au nombre des heures de travail et à la fixation des salaires.

Art. 2. Le préfet déterminera, après avoir pris l'avis des chambres consultatives des arts et manufactures, la circonscription territoriale et la nature des professions sur lesquelles s'étendra la juridiction de ces conseils de famille, ainsi que le nombre des membres dont ils seront composés.

Art. 3. Les membres des conseils de famille seront élus savoir :

1° Moitié par les manufacturiers, les marchands fabricants, les entrepreneurs de bâtiments, les industriels producteurs de marchandises, chefs d'atelier et ouvriers patentés exerçant leur industrie dans la circonscription ;

2° Moitié par les ouvriers à livret non patentés.

L'élection des manufacturiers, marchands fabricants, entrepreneurs de bâtiments, industriels producteurs de marchandises, chefs d'atelier et ouvriers patentés, membres des conseils de famille, sera faite par les ouvriers à livret non patentés, sur une liste triple, dressée par les premiers, de candidats choisis parmi eux ; et, réciproquement, celle des ouvriers à livret non patentés, membres des conseils de famille, sera faite par les manufacturiers, marchands fabricants, entrepreneurs de bâtiments, industriels producteurs de marchandises, chefs d'atelier et ouvriers patentés sur une liste triple de candidats dressée par les ouvriers à livret eux-mêmes et choisis parmi eux.

Ces conseils seront renouvelés par tiers tous les ans.

Art. 4. Les manufacturiers, fabricants, chefs

d'atelier, entrepreneurs de bâtiments et industriels producteurs de marchandises, ne pourront renvoyer les ouvriers qu'ils emploient qu'après les avoir prévenus quinze jours d'avance.

Néanmoins, si un ouvrier se rendait coupable d'une faute grave, il pourrait être renvoyé immédiatement.

Dans ce cas, il aurait le droit de porter sa plainte devant le conseil de famille, et si ce conseil jugeait que la faute n'était pas d'une nature assez grave pour nécessiter un renvoi immédiat, le patron serait condamné à payer à l'ouvrier une indemnité égale au prix de quinze journées de travail.

S'il ne s'était pas écoulé un délai de quinze jours depuis le renvoi de l'ouvrier, et que son patron consentît à le reprendre, l'indemnité ne serait due que pour le nombre de jours qui se seraient écoulés depuis le renvoi de l'ouvrier jusqu'à sa rentrée dans la manufacture, la fabrique, l'atelier ou le chantier.

Art. 5. Les jugements des conseils de famille, fixant la durée des heures de travail et le taux du salaire, ainsi que ceux qui statueront sur les contestations relatives au renvoi des ouvriers, seront exécutés dans la même forme que les jugements des conseils de prud'hommes (1). Ils seront en dernier ressort.

---

(1) Nous pensons que les deux institutions des prud'hommes et des conseils de famille pourraient être fondues en une seule. Le ministre de l'agriculture et du commerce a présenté à l'Assemblée nationale un projet de décret relatif à la réorganisation des conseils de prud'hommes qui vient d'être adopté en partie. Il contient d'excellentes dispositions que nous nous sommes empressé d'appliquer à la formation et à l'élection des conseils de famille.

Dans le cas de partage le président, dont la nomination appartiendra aux conseils de famille, aura voix prépondérante.

Art. 6. Il sera formé dans chaque canton un conseil de famille composé de membres titulaires et suppléants, élus moitié par les propriétaires ruraux et les fermiers qui emploient habituellement des ouvriers journaliers et moitié par les ouvriers journaliers eux-mêmes.

Ces conseils jugeront, s'ils ne peuvent les concilier, toutes les contestations relatives à la durée du travail journalier et au salaire des ouvriers agricoles.

Art. 7. Le préfet déterminera le nombre des membres dont chaque conseil de famille sera composé.

L'élection des propriétaires ruraux et fermiers, membres des conseils de famille, sera faite par les ouvriers journaliers, sur une liste triple dressée par les premiers de candidats choisis parmi eux et, réciproquement, celle des ouvriers journaliers sera faite par les propriétaires ruraux et fermiers sur une liste triple dressée par les ouvriers eux-mêmes de candidats choisis parmi eux.

Ils seront renouvelés par tiers tous les ans.

Art. 8. Les conseils de famille des ouvriers agricoles se réuniront sous la présidence du juge de paix du canton. Leurs jugements seront rendus et exécutés dans la même forme que ceux des conseils de famille des ouvriers industriels.

Ces jugements seront en dernier ressort.

Art. 9. L'exploitation des travailleurs par des sous-entrepreneurs et tâcherons ou marchandage est abolie.

Ne sont pas considérées comme marchandage

les associations de travailleurs qui n'ont pas pour objet l'exploitation des ouvriers les uns par les autres.

TITRE II.

Prélèvements en faveur des travailleurs sur les produits de la vente des objets fabriqués ou confectionnés. Maladies des travailleurs et de leur famille, chômage prolongé des travaux, etc.

Art. 10. Il sera fait annuellement, sur le produit de toutes les ventes opérées par les manufacturiers, fabricants et chefs d'établissements industriels, ainsi que sur le montant des travaux exécutés par les entrepreneurs de bâtiments, un prélèvement en faveur des travailleurs, dont la quotité variera depuis 10 centimes jusqu'à 1 franc pour cent francs du montant total des ventes ou des travaux exécutés, sans pouvoir jamais dépasser cette dernière quotité.

Art. 11. Le conseil de famille déterminera, tous les ans, le taux des prélèvements à faire sur les ventes pour chaque genre de manufacture, fabrique ou etablissement industriel, ainsi que sur les travaux exécutés par les entrepreneurs de bâtiments, selon la quotité plus ou moins grande des bénéfices que donne chaque genre d'industrie.

Art. 12. Les réclamations contre le taux des prélèvements, déterminé par le conseil de famille, seront portées devant la chambre consultative des arts et manufactures, qui statuera en dernier ressort.

Art. 13. Les manufacturiers, fabricants, chefs d'établissements industriels et entrepreneurs de bâtiments, feront parvenir, au commencement de chaque trimestre, au contrôleur des contributions directes, par l'intermédiaire du maire, la déclaration du montant de leurs ventes ou travaux, pendant le trimestre précédent.

Art. 14. Lors de sa visite dans la commune, le contrôleur s'assurera, par l'examen des livres de vente et autres livres de commerce, dont la communication ne pourra, dans aucun cas, lui être refusée, que la déclaration du montant total des ventes et des travaux a été exactement faite.

Art. 15. Si un manufacturier, fabricant, chef d'établissement industriel ou entrepreneur de bâtiment, refusait de donner communication de ses livres de commerce, le contrôleur dresserait procès-verbal de ce refus et requerrait le juge de paix de lui prêter son concours pour avoir cette communication.

Si, néanmoins, il ne pouvait prendre connaissance de ces livres, il proposerait au directeur de faire taxer d'office, par le préfet en conseil de préfecture, le manufacturier, fabricant, chef d'établissement industriel ou entrepreneur de bâtiments récalcitrant.

Art. 16. Le manufacturier, fabricant, chef d'établissement industriel, ou entrepreneur de bâtiments, qui aura refusé de donner communication de ses livres de commerce, sera traduit devant le tribunal de police correctionnelle, et condamné, pour ce fait, à une amende de 500 francs à 1,000 francs.

Elle sera portée au double, dans le cas de récidive.

Art. 17. Le contrôleur des contributions directes adressera au directeur les déclarations qui lui auront été faites et le résultat des vérifications auxquelles il se sera livré. Celui-ci en dressera le rôle qui, après avoir été rendu exécutoire par le préfet, sera recouvré par le percepteur des contributions directes, dans la même forme que les rôles des contributions directes.

Art. 18. Il sera prelevé, sur le produit des centimes additionnels à la contribution foncière, le montant de 5 centimes additionnels au principal ds la contribution foncière établie sur les propriétés non bâties seulement.

Cette somme formera la part de bénéfices prélevée sur les propriétaires ruraux en faveur des travailleurs agricoles.

Art. 19. Les sommes ainsi prélevées sur l'industrie agricole et sur l'industrie manufacturière seront la propriété de tous les travailleurs indistinctement.

Elles seront versées pour leur compte à la caisse des dépôts et consignations qui en bonifiera l'intérêt.

Art. 20. Quand des ouvriers ou des membres de leur famille seront malades, le conseil de famille pourra, sur leur demande, décider qu'ils recevront gratuitement les soins du médecin désigné par l'administration, que les médicaments leur seront aussi fournis gratuitement.

Si le malade venait à mourir, le conseil de famille pourra décider que la caisse commune pourvoira aux frais de ses funérailles, après s'être assuré que sa famille est hors d'état de les acquitter.

Si le malade était employé dans une manufacture, une fabrique, un établissement industriel ou par un entrepreneur de bâtimens, le conseil de famille pourra lui faire payer une indemnité journalière pendant la durée de sa maladie et de sa convalescence.

Toutes ces dépenses seront acquittées par la caisse commune.

Art. 21. Si, pendant les chômages prolongés, le prix des travaux que les travailleurs exécuteront dans les ateliers nationaux pour le compte de la commune, du département et de l'Etat, est jugé insuffisant pour leur donner les moyens de pourvoir à leur existence, le conseil de famille pourra proposer au préfet de leur accorder un supplément sur les fonds de la caisse commune.

Il pourra aussi proposer au préfet de donner un supplément sur la caisse commune aux travailleurs, lorsque, dans les années de disette, le prix des céréales et des farineux sera arrivé à un taux exorbitant.

Art. 22. Le conseil de famille pourra aussi accorder sur les fonds de la caisse commune, aux ouvriers qui seront dans le besoin, une subvention annuelle pour les mettre à même d'acquitter les frais d'apprentisage de leurs enfants.

Art. 23. Quand un travailleur mariera un de ses enfants, le conseil de famille pourra lui accorder, sur sa demande, après s'être assuré que les parents des deux conjoints sont dans le besoin, une subvention dont il fixera la quotité, et qui servira à payer les frais de premier établissement du nouveau ménage, à lui procurer son mobilier le plus indispensable.

Le conseil de famille pourra faire confectionner d'avance ces mobiliers avec les fonds de la caisse commune, après en avoir reçu l'autorisation du préfet.

Le mobilier et la subvention en argent ne seront remis qu'après la célébration du mariage civil.

Art. 24. Il sera rendu compte, tous les ans, au corps législatif des recettes et dépenses, et de la situation de la caisse commune des travailleurs.

TITRE III.

Pensions de retraite des travailleurs.

Art. 25. Il sera fait, sur les salaires des travailleurs de tout sexe, âgés de moins de 50 ans au moment de la promulgation de la présente loi, une retenue du vingtième pour former une caisse de retraites.

Art. 26. Le produit de ces retenues sera versé à la caisse des dépôts et consignations.

Il sera employé par les préfets, dans les limites qui leur seront fixées par le ministre de l'agriculture et du commerce, et sur la proposition des conseils de famille :

1° A favoriser l'établissement d'institutions de crédit qui feront des prêts sur bonne et solide hypothèque aux propriétaires fonciers et, de préférence, à ceux qui voudront faire exécuter sur leurs propriétés des travaux qui nécessiteront un nombreux personnel d'ouvriers;

2° A faire des prêts aux associations d'ouvriers, qui voudront former des établissements industriels, ainsi qu'aux personnes qui voudront établir des bazars et des magasins d'échange, d'achat et de vente de marchandises;

3° A créer des ateliers nationaux dans lesquels on donnera de l'ouvrage aux travailleurs de bonne volonté, qui ne pourraient trouver de l'occupation ailleurs.

Tous ces placements et emplois de fonds seront garantis par l'Etat.

Art. 27. Tout travailleur agricole et industriel, âgé de 60 ans, et ayant fait, pendant 30 ans au moins, des versements à la caisse des retraites, aura droit à une pension.

Cette pension sera égale à dix fois la moyenne annuelle des retenues qui auront été opérées sur son salaire depuis l'âge de 20 ans.

Art. 28. Les travailleurs exerçant des professions insalubres et malsaines, qui altèrent promptement la santé, pourront être admis à la pension de retraite, lorsqu'ils auront 50 ans d'âge seulement, ou même lorsque leur santé sera assez profondément altérée pour qu'ils ne puissent plus se livrer à aucun travail lucratif.

Cette retraite sera réglée d'après les bases fixées au deuxième paragraphe de l'article 26.

Un règlement d'administration publique déterminera les professions auxquelles ces dispositions sont applicables.

Art. 29. Les travailleurs qui exercent des professions dangereuses et qui sont de nature à compromettre souvent leur vie, auront droit à la pension de retraite, sans remplir les conditions d'âge et de durée des retenues, lorsque des accidents survenus ou des infirmités contractées dans l'exercice de ces professions, les mettront dans l'impossibilité de se livrer à aucun travail lucratif.

Cette retraite sera réglée d'après les bases fixées au deuxième paragraphe de l'article 26.

Un règlement d'administration publique déterminera quelles sont les professions auxquelles ces dispositions sont applicables.

Art. 30. Les travailleurs, que des infirmités contractées dans l'exercice de leur profession rendront incapables de les continuer, recevront une pension de retraite, s'ils ont subi la retenue du vingtième pendant dix ans au moins. Cette pension sera égale à trois fois la moyenne des retenues annuelles. Elle s'accroîtra d'un quinzième pour chaque année en sus de dix ans, sans pouvoir excéder dix fois la moyenne des retenues annuelles.

Art. 31. Les veuves des travailleurs, décédés dans l'exercice de leur profession, ou en possession d'une pension de retraite, pourront recevoir une pension égale à la moitié de celle dont jouissait leur mari ou à laquelle il avait droit.

Elles cesseront d'en jouir, si elles contractent un nouveau mariage.

Art. 32. Si les travailleurs ne laissent pas de veuve, mais seulement des orphelins, il pourra être accordé à ceux-ci des secours jusqu'à ce qu'ils aient atteint l'âge de 16 ans.

Ces secours, dont la quotité sera fixée relativement à leur nombre, ne pourront excéder, pour tous les enfants ensemble, la moitié de la pension à laquelle leur père avait droit ou dont il jouissait.

Art. 33. Lorsque la femme d'un travailleur aura subi de son côté des retenues pour la caisse des retraites, elle aura droit à une pension indépendamment de celle que recevra son mari.

Si celui-ci venait à décéder, la pension de la veuve serait égale à la moitié des deux pensions cumulées, à moins qu'elle ne préférât conserver sa pension personnelle.

Art. 34. Celui qui, après avoir subi la retenue du vingtième comme ouvrier, deviendra fabricant, chef d'atelier, et travaillera, en un mot, pour son propre compte, sera admis à continuer de faire des versements à la caisse des retraites et à recevoir une pension, lorsqu'il remplira les conditions exigées par l'article 26.

Art. 35. La pension des travailleurs, âgés de 30

à 50 ans, au moment de la promulgation de la présente loi, sera égale, pour ceux qui auront subi la retenue pendant dix ans au moins, à trois fois la moyenne des retenues annuelles.

Elle s'accroîtra d'un quinzième pour chaque année en sus de dix ans, sans toutefois pouvoir jamais dépasser dix fois la moyenne des retenues annuelles.

Ces ouvriers seront, au surplus, admis à faire à la caisse des retraites, en sus de la retenue du vingtième, des versements qui entreront dans la fixation de la moyenne de la retenue annuelle.

Art. 36. L'admission à la retraite sera prononcée par le préfet. La liquidation sera faite par ce magistrat, en conseil de préfecture. Elle sera soumise à l'approbation du ministre de l'agriculture et du commerce.

Art. 37. Tous les ans il sera rendu compte au corps législatif des recettes et dépenses et de la situation de la caisse de retraite des travailleurs.

Art. 38. Les dispositions des titres I, II et III de la présente loi sont applicables à tous les industriels qui emploient des ouvriers.

Dans le cas de contestation, il sera statué par le préfet en conseil de préfecture.

TITRE IV.

Du travail à donner aux travailleurs qui ne peuvent trouver de l'occupation.

Art. 39. Il sera établi, auprès de chaque mairie, un bureau dans lequel pourront se faire inscrire gratuitement les travailleurs sans ouvrage qui demanderont de l'occupation.

Ce bureau recevra en même temps l'inscription des manufacturiers, fabricants, chefs d'atelier et entrepreneurs de bâtiments qui demanderont des ouvriers.

Art. 40. Lorsque l'industrie privée ne pourra pas fournir du travail aux travailleurs sans ouvrage, le préfet, après avoir pris les ordres du ministre de l'agriculture et du commerce, pourra faire établir des ateliers dans lesquels seront confectionnés des ouvrages d'une conservation facile et d'une consommation prompte, et des marchandises susceptibles d'être vendues avantageusement à l'étranger.

Il pourra aussi employer ces travailleurs à des travaux agricoles et à l'établissement de routes, chemins et canaux.

Art. 41. Pour couvrir ces dépenses, le Gouvernement fera à la caisse de retraite des travailleurs des emprunts pour la sûreté desquels il donnera sa garantie.

TITRE V.

Des associations de travailleurs.

Art. 42. Lorsqu'une association d'ouvriers voudra créer un établissement industriel et faire pour cet objet un emprunt à la caisse de retraite des travailleurs, elle remettra au préfet du département dans lequel serait placé l'établissement, avec son projet d'acte de société souscrit par tous ceux de ses membres qui seront majeurs, des certificats de moralité délivrés pour chacun d'eux, sur l'attestation de trois conseillers municipaux, par le maire ou par chacun des maires des communes dans lesquelles ils auront résidé pendant les trois dernières années.

Le maire ne pourra jamais refuser de constater l'attestation qui lui sera faite par les trois conseillers municipaux; mais il sera libre de faire précéder sa signature de ses observations personnelles.

Dans le cas de dissentiment entre le maire et les conseillers municipaux, il sera procédé par le juge de paix, et sans frais, à une enquête sur les résultats de laquelle l'administration supérieure basera sa décision.

Art. 43. Chacun des associés justifiera en même temps de sa capacité par un certificat délivré par le patron chez lequel il aura fait son apprentissage, ainsi que par ceux chez lesquels il aura successivement travaillé.

Art. 44. L'association devra se composer de cinq ouvriers au moins.

Art. 45. Les pères de famille pourront s'enga-

ger pour leurs enfants mineurs âgés de dix-huit ans
au moins.

Leur responsabilité sera dégagée, après vérifica-
tion de la situation de la société, lorsque leurs enfants, ayant atteint l'âge de majorité, auront souscrit l'acte social.

Art. 46. L'acte social décrira avec exactitude
les travaux auxquels doit se livrer l'association. Il
indiquera l'apport de chaque associé, le capital de-
mandé à la caisse de retraite des ouvriers, le taux
de l'intérêt et le temps pour lequel le prêt aura
lieu.

Art. 47. Le ministre de l'agriculture et du commerce statuera sur la demande d'emprunt, après
avoir pris l'avis du préfet.

S'il l'accueille, l'acte définitif de société devra
être dressé et remis à la préfecture dans le délai de
quinzaine.

Art. 48. Il sera procédé tous les six mois, en
présence et avec le concours d'un délégué du préfet, à l'inventaire de la situation de l'association.

Copie de cet inventaire sera adressée au ministre
de l'agriculture et du commerce.

Art. 49. Le délégué du préfet aura, en outre, le
droit de surveiller toutes les opérations de l'association, de se faire rendre compte de sa situation,
et même d'exiger qu'il soit procédé extraordinaire-
ment à un nouvel inventaire, mais seulement dans
le cas où il se serait écoulé plus de deux mois depuis l'inventaire précédent.

Art. 50. Lorsqu'il sera constaté que la société a
perdu le dixieme au moins de son capital, le ministre de l'agriculture et du commerce pourra exiger
qu'il soit procédé immédiatement à la liquidation
de la société.

Art. 51. L'association donnera connaissance au préfet des obligations respectives imposées par l'acte social à chacun des associés. Ce magistrat en fera surveiller l'exécution, et s'il survient entre les associés des dissentiments graves qui inspirent des craintes pour la réussite de la société, il pourra, après avoir pris les ordres du ministre de l'agriculture et du commerce, en demander la dissolution aux tribunaux ordinaires qui la prononceront, s'il y a lieu.

Art. 52. Les règles posées dans le présent titre seront appliquées aux associations qui se formeraient pour des exploitations agricoles, ainsi que pour la création de bazars, de magasins d'échange, d'achat et de vente des marchandises, et qui demanderaient à faire des emprunts à la caisse de retraite des travailleurs.

FIN.